ATTEINDRE LA LIBERTÉ FINANCIÈRE À L'ÂGE DE 40 ANS.

Atteindre la liberté financière à l'âge de 40 ans

Série "La liberté financière à tout âge
Par : D.K. Hawkins
Version 1.1 ~Novembre 2021
Publié par D.K. Hawkins sur KDP
Copyright ©2021 par D.K. Hawkins. Tous droits réservés.

Aucune partie de cette publication ne peut être reproduite, distribuée ou transmise sous quelque forme ou par quelque moyen que ce soit, y compris la photocopie, l'enregistrement ou d'autres méthodes électroniques ou mécaniques ou par tout système de stockage ou de récupération de l'information, sans l'autorisation écrite préalable des éditeurs, sauf dans le cas de très brèves citations incorporées dans des critiques et de certaines autres utilisations non commerciales autorisées par la loi sur le droit d'auteur.

Tous droits réservés, y compris le droit de reproduction totale ou partielle sous quelque forme que ce soit.

Toutes les informations contenues dans ce livre ont été soigneusement recherchées et vérifiées quant à leur exactitude factuelle. Toutefois, l'auteur et l'éditeur ne garantissent pas, de manière expresse ou implicite, que les informations contenues dans ce livre conviennent à chaque individu, situation ou objectif et n'assument aucune responsabilité en cas d'erreurs ou d'omissions.

Le lecteur assume le risque et l'entière responsabilité de toutes ses actions. L'auteur ne sera pas tenu responsable de toute perte ou dommage, qu'il soit consécutif, accidentel, spécial ou autre, pouvant résulter des informations présentées dans ce livre.

Toutes les images sont libres d'utilisation ou achetées sur des sites de photos de stock ou libres de droits pour une utilisation commerciale. Pour ce livre, je me suis appuyé sur mes propres observations ainsi que sur de nombreuses sources différentes, et j'ai fait de mon mieux pour vérifier les faits et accorder le crédit qui leur est dû. Dans le cas où du matériel serait utilisé sans autorisation, veuillez me contacter afin que l'oubli soit corrigé.

Les informations fournies dans ce livre le sont à titre informatif uniquement et ne sont pas destinées à être une source de conseils ou d'analyse de crédit en ce qui concerne le matériel présenté. Les informations et/ou documents contenus dans ce livre ne constituent pas des conseils juridiques ou financiers et ne doivent jamais être utilisés sans avoir consulté au préalable un professionnel de la finance afin de déterminer ce qui convient le mieux à vos besoins individuels.

L'éditeur et l'auteur ne donnent aucune garantie ou autre promesse quant aux résultats qui peuvent être obtenus en utilisant le contenu de ce livre. Vous ne devez jamais prendre de décision d'investissement sans consulter au préalable votre propre conseiller financier et sans effectuer vos propres recherches et diligences. Dans toute la mesure permise par la loi, l'éditeur et l'auteur déclinent toute responsabilité dans le cas où les informations, commentaires, analyses, opinions, conseils et/ou recommandations contenus dans ce livre s'avéreraient inexacts, incomplets ou peu fiables, ou entraîneraient des pertes d'investissement ou autres.

Le contenu de ce livre n'est pas destiné à et ne constitue pas un conseil juridique ou un conseil en investissement et aucune relation avocat-client n'est établie. L'éditeur et l'auteur fournissent ce livre et son contenu sur une base "telle quelle". Vous utilisez les informations contenues dans ce livre à vos propres risques.

TABLE DES MATIÈRES.

TABLE DES MATIÈRES..4
INTRODUCTION..6
CHAPITRE 1 10
   Déterminer vos objectifs de liberté financière. 10
CHAPITRE 2 20
   Formule de richesse optimale pour vivre le style de vie de vos rêves...20
CHAPITRE 3 25
   Comment faire fructifier votre argent en investissant. 25
CHAPITRE 4 30
   Explorer le secteur des saisies. 30
CHAPITRE 5 35
   Tirer parti de l'argent de vos créanciers. 35
CHAPITRE 6 39
   Créer une entreprise à domicile pour prendre une retraite anticipée. 39
CHAPITRE 7 46
   Optez pour la liberté plutôt que pour l'endettement..........46
CHAPITRE 8 52
   Plan en dix points pour reprendre le contrôle de vos finances et protéger l'avenir de votre famille......................52
CHAPITRE 9 61

Faites de votre avenir un lieu de plaisir et de fortune. 61

CHAPITRE 10 66

Il est temps pour vous de gouverner! 66

CONCLUSION. 70

INTRODUCTION.

La constitution d'un patrimoine n'est pas une chose à laquelle beaucoup de jeunes quadragénaires pensent lorsqu'ils commencent à recevoir leur salaire. Pourtant, commencer à accumuler un patrimoine tôt dans la vie est l'une des meilleures mesures que vous puissiez prendre pour vous assurer un avenir financier prospère.

La raison principale en est l'intérêt composé. Plus longtemps votre argent rapporte des intérêts, plus vous gagnerez d'argent. Plus votre solde augmente, plus les intérêts que vous gagnez augmentent proportionnellement. Même si vous n'avez pas l'impression de gagner beaucoup d'argent supplémentaire, la différence peut être importante si l'on considère le montant total des intérêts gagnés sur trente ou quarante ans.

Commencer tôt présente également un avantage : plus vous commencez tôt, plus vous pouvez vous permettre de prendre des risques. Les personnes qui commencent à épargner 10 ans avant la retraite, par exemple, doivent investir dans des actifs qui leur fourniront suffisamment de fonds pour vivre dans un court laps de temps.

Vous pouvez prendre des risques plus importants lorsque vous êtes jeune, car vous avez plus de temps pour surmonter les ralentissements du marché ou vous remettre de mauvaises décisions d'investissement. Cependant, ce sont souvent les investissements les plus risqués qui rapportent le plus.

Lorsque vous élaborez un plan d'accumulation de richesse en tant que jeune, vous pouvez éviter de commettre certaines des erreurs les plus courantes. Pour commencer, vous devriez constituer un fonds d'urgence. Dans la mesure du possible, évitez de contracter des dettes.

Créez et respectez un budget. Économisez régulièrement une partie de chaque salaire et investissez. Si vous prenez ces mesures simples, auxquelles la plupart des gens ne pensent pas avant d'atteindre l'âge moyen, vous aurez une longueur d'avance.

Les jeunes qui ont l'intention de commencer leur plan d'accumulation de richesse devraient acquérir le plus de connaissances possible. Plus vous en apprendrez, mieux vous vous porterez. Investir et élaborer un plan financier peut laisser perplexe, et vous voulez vous assurer que vous prenez les meilleures décisions possibles.

Lorsque vous élaborez votre stratégie de développement du patrimoine, il peut être bénéfique d'assister à un séminaire sur le développement du patrimoine. Ces séminaires sont offerts par des spécialistes du secteur qui peuvent vous guider dans la bonne direction.

Si vous êtes un jeune quadragénaire qui a commencé à planifier son avenir financier, vous avez déjà fait le premier pas vers la réussite financière. La création de richesse dépend entièrement de l'information et de la stratégie. Avec un peu de prévoyance, vous pouvez être sur la voie de la liberté financière.

CHAPITRE 1

Déterminer vos objectifs de liberté financière.

Lorsque vous demandez aux gens ce qu'ils désirent le plus dans la vie, ils répondent presque toujours qu'ils veulent être riches, prospères ou indépendants financièrement. Certains d'entre eux vous diront qu'ils souhaitent vivre dans une grande maison ou un manoir avec une grande piscine dans l'arrière-cour, des robinets plaqués or, un majordome et/ou une femme de chambre, et ainsi de suite, mais il s'agit principalement de simples fantasmes sur ce qu'est la richesse.

En effet, de nombreux individus aisés et millionnaires conduisent des voitures fiables et luxueuses, mais pas nécessairement tape-à-l'œil, vivent dans des maisons bien conçues mais pas trop grandes, et n'achètent pas constamment les vêtements les plus coûteux des designers les plus en vogue du moment.

En fait, si vous demandez à ces personnes pourquoi elles veulent s'enrichir, elles répondront presque toutes qu'elles le font pour avoir plus de liberté dans la vie.

Quel est votre objectif de liberté financière?

Aspirez-vous à vivre le style de vie extravagant représenté sur Entertainment Tonight, Access Hollywood, E ! ou VH1 ?

Souhaitez-vous amasser une somme d'argent considérable pour explorer le monde ?

Voulez-vous avoir assez d'argent pour maintenir votre niveau de vie actuel si vous deviez perdre votre travail de façon inattendue ?

Toutes ces aspirations sont réalisables, même si certaines nécessiteront une accumulation de richesses plus importante que d'autres.

La liberté financière est la capacité d'accumuler une richesse suffisante pour vous permettre de quitter votre emploi et de ne plus jamais avoir à travailler pour maintenir votre style de vie. Cela varie en fonction des circonstances individuelles.

Supposons que votre style de vie consiste à posséder une grande maison avec deux voitures de luxe, à prendre de nombreuses vacances chaque année et à acheter une abondance de vêtements, de bijoux et de gadgets coûteux. Dans ce cas, soit vos revenus sont extrêmement élevés, soit vous vous êtes endetté au maximum.

Par ailleurs, si votre style de vie est plus modeste, que vous vivez dans un appartement ou une petite maison et que vous maintenez vos dépenses à un niveau bas, vous pouvez survivre avec un revenu à cinq chiffres. Cependant, comment déterminer ce dont vous avez besoin pour atteindre la liberté financière ?

Selon R. Buckminster Fuller, la richesse est calculée par la quantité d'argent épargné divisée par la période nécessaire pour maintenir votre style de vie actuel si vous étiez soudainement licencié ou perdiez votre travail.

Par exemple, si vous avez économisé 10 000 $ et que vous pouvez survivre avec cette somme pendant cinq mois, vous serez considéré comme riche pendant cinq mois. Si vous épargniez 40 000 $ et pouviez vivre avec 2 000 $ par mois, vous seriez riche pendant 20 mois.

D'autre part, que se passerait-il si vous pouviez utiliser ces fonds pour créer un flux de revenus qui vous rendrait indéfiniment riche ?

C'est possible grâce aux revenus passifs. Le revenu passif est de l'argent que vous recevez sans avoir à travailler pour le gagner. En d'autres termes, vous gagnez de l'argent en dormant. Les revenus passifs sont généralement générés par votre propre entreprise, des biens immobiliers ou des investissements en actions ou en obligations.

Création d'une nouvelle entreprise.

De nombreuses personnes ont amassé de l'argent grâce à la création de leur entreprise. En général, ils ont commencé par s'adonner à une passion qu'ils aimaient, comme la pâtisserie ou l'artisanat, et à faire payer leurs produits ou services. Vous pouvez faire la même chose. La méthode la plus simple pour commencer est de vendre vos vieux objets indésirables sur eBay.

De nombreuses personnes ont commencé leur entreprise à domicile en vendant leurs vieilleries sur eBay pour découvrir la rentabilité. Ils récupéraient ensuite des objets usagés dans les vide-greniers, les magasins d'occasion de l'Armée du Salut et Goodwill et les revendaient avec profit. Si vous êtes un internaute averti, vous pouvez gagner de l'argent en vendant les produits d'autres personnes via des réseaux d'affiliation.

Les programmes d'affiliation vous permettent de vendre des produits sur les sites Web d'autres personnes en échange d'une commission sur chaque vente effectuée via votre site Web ou votre blog. Clickbank, Linkshare et Commission Junction sont tous de bons sites à explorer pour les programmes d'affiliation.

Gagner de l'argent dans l'immobilier.

L'immobilier est l'un des moyens les plus courants pour une personne typique d'accumuler de l'argent. Alors que l'immobilier a été un moyen extrêmement populaire de gagner de l'argent ces dernières années, il semble que nous soyons à l'aube d'une bulle immobilière prête à éclater.

La plus grande partie de cette bulle immobilière peut être attribuée au processus de conversion de maisons, dans lequel une personne achète une maison ou un appartement avec un prêt hypothécaire important pour le revendre plus tard avec un bénéfice dû à l'augmentation du prix. Une grande partie de ce processus a été promu par des publireportages télévisés de fin de soirée.

Bien que ces tactiques soient efficaces et puissent vous faire gagner une somme d'argent importante en peu de temps, elles présentent certains inconvénients. Premièrement, il ne s'agit pas toujours d'une source fiable de revenus passifs, et deuxièmement, vous pouvez vous retrouver sans acheteurs si le marché atteint un pic prématuré.

Bien entendu, la méthode traditionnelle pour tirer profit de l'immobilier consiste à acquérir des logements locatifs. Vous achetez un immeuble de deux ou trois appartements ou un petit complexe d'appartements et vous louez l'espace restant à des locataires.

Si vous structurez correctement votre hypothèque et vos loyers, les paiements de loyer de vos locataires couvriront le coût de l'hypothèque mensuelle, des taxes et de l'assurance, vous laissant de l'argent supplémentaire à dépenser.

Il n'est pas rare, à certains endroits, de tirer un revenu locatif important d'un immeuble d'appartements à prix raisonnable. Certaines personnes gagnent leur vie uniquement en fournissant des logements à d'autres personnes.

Investir dans des actions et des obligations pour générer un revenu passif.

Bien qu'il s'agisse d'une option plus simple que l'immobilier pour obtenir des revenus passifs, elle nécessite un capital plus important et exige que vous compreniez suffisamment bien les actions et les obligations pour rester fidèle à votre investissement.

Les dividendes fournissent un revenu passif dans ce scénario. En d'autres termes, que vous achetiez des actions, des bons du Trésor ou des obligations, la société qui a émis les actions (ou le département du Trésor des États-Unis dans le cas des obligations) vous versera un dividende en espèces.

Celui-ci prend la forme de quelques centimes par action ou d'un taux d'intérêt nominal, mais si vous achetez un nombre suffisant d'actions ou d'obligations, cela peut vous procurer un revenu substantiel.

Dans certaines situations, il vous donnera un taux d'intérêt élevé ou un rendement, comme on l'appelle souvent, qui est souvent bien supérieur à l'épargne bancaire. Par exemple, vous investissez 400 000 $ dans des actions qui rapportent un dividende annuel de 12 %. En outre, vous restez propriétaire de l'action sous-jacente, que vous pouvez vendre à profit ou conserver jusqu'à l'échéance dans le cas des obligations.

Cette action vous rapporterait 48 000 $ en dividendes. Supposons que vous déteniez cette action pendant cinq ans et qu'elle s'apprécie jusqu'à 650 000 $, moment où vous décidez de la vendre. Non seulement vous auriez reçu 48 000 $ pour chacune des cinq années précédentes, mais vous auriez également réalisé un gain en capital de 250 000 $. (avant commissions et impôts).

Bien entendu, il s'agit là d'un bref aperçu de la manière d'atteindre la liberté financière. Si vous vivez frugalement, vous pouvez probablement atteindre la liberté financière plus rapidement en investissant dans des biens immobiliers générateurs de revenus ou en créant votre propre entreprise. Si vous désirez un style de vie plus somptueux, vous devrez peut-être élaborer une stratégie globale de constitution de patrimoine.

CHAPITRE 2

Formule de richesse optimale pour vivre le style de vie de vos rêves.

Il existe de nombreuses méthodes pour générer ce revenu résiduel dynamique, notamment en étant propriétaire d'un bien locatif, en recevant des redevances sur une invention ou un travail créatif, ou en travaillant à domicile avec une entreprise qui compte sur le revenu résiduel pour couvrir ses factures.

Par exemple, le travail créatif génère des revenus résiduels. Chaque année, des auteurs tels que JK Rowling et Tom Clancy et des musiciens tels que Paul McCartney et Bob Dylan gagnent de l'argent sur des travaux qu'ils ont réalisés il y a des années. Après leur décès, ces revenus continueront de revenir à leur succession. C'est fantastique, et vous pouvez vous aussi gagner de l'argent de la même manière en choisissant correctement votre activité à domicile.

De l'argent dans une banque ferait la même chose. Supposons que vous souhaitiez un revenu mensuel de 5 000 dollars pour pouvoir faire ce qui vous plaît. À un taux d'intérêt net de 5 %, vous voudriez avoir au moins 1,2 million de dollars en banque. Avec les impôts et autres déductions, vous auriez dû gagner environ 2 millions de dollars. Combien de temps allez-vous travailler pour gagner ces 1,2 million de dollars ?

Des milliers de personnes comme vous amassent tranquillement des richesses en travaillant à domicile, même en dormant. Allez-vous les rejoindre ?

Il ne s'agit pas d'un plan pour s'enrichir rapidement, mais d'une opportunité de revenus garantis et réguliers dont des milliers de personnes comme vous ont démontré l'efficacité. Cela demande des efforts et de la détermination, surtout au début et parfois avant que la force ne se manifeste pleinement.

Je pense que la vie est trop courte pour faire une pause et faire des choix pour progresser dans n'importe quelle entreprise.

Lequel choisirez-vous?

Maintenez l'horaire de travail typique de 45 ans ou créez votre propre flux de revenus résiduels et regardez-le croître ! Contrairement au revenu linéaire, votre revenu net n'a pas de plafond. Saviez-vous que 20 % des millionnaires ont obtenu leur fortune grâce à cette méthode ?

Sans surprise, Anthony Robbins, Robert G Allen, Donald Trump et Robert Kiyosaki sont de fervents partisans de la construction de cette formule de richesse idéale avec des flux de revenus résiduels.

Trop de propriétaires de petites entreprises déclarent : "Je n'ai pas pris de vacances en quatre ans". Ce sont leurs entreprises qui les dirigent, et non l'inverse, comme il se doit. Que vous soyez dans les affaires depuis un certain temps ou que vous commenciez à peine, plus vite vous commencerez à réfléchir et à mettre en œuvre une stratégie pour augmenter les revenus passifs, plus vite vous atteindrez la liberté personnelle et financière.

Vous construisez la liberté, et pas seulement une entreprise, avec votre travail à domicile, en supposant que vous choisissez le bon. Vous pouvez générer un flux de revenus constant pendant des mois, des années, voire toute votre vie, en travaillant une seule fois et en étant rémunéré à plusieurs reprises pour un effort unique.

Ne serait-il pas merveilleux d'être payé des centaines de fois pour chaque heure travaillée ?

Que cette formule de richesse idéale joue en votre faveur pendant que vous construisez votre passeport pour la richesse.

Quel impact cela peut-il avoir sur votre vie ?

Quel genre de style de vie mèneriez-vous ?

Il est temps d'entamer le processus de transformation. Vous pourriez continuer à faire ce que vous avez toujours fait et aboutir au même résultat, mais est-ce bien ce que vous voulez ? Interrogez-vous.

Que suis-je en train de faire ?

Où aimerais-je être ?

Quel est le chemin le plus efficace à emprunter pour moi ?

Que préféreriez-vous faire si vous aviez le choix ?

Recevoir un paiement unique pour un travail effectué ou recevoir un paiement fréquent - peut-être pendant des années, voire le reste de votre vie - pour un travail effectué une seule fois, grâce à un revenu résiduel ? C'est à vous de choisir.

CHAPITRE 3

Comment faire fructifier votre argent en investissant.

Si l'investissement est l'une des stratégies les plus efficaces pour atteindre la liberté financière, la réussite exige des compétences et des connaissances spécifiques. En plus de vos connaissances et de vos capacités, vous devez être prêt à "prendre des risques".

N'ayez pas peur de prendre des risques, car vous pouvez les contrôler et les limiter en vous armant des compétences et des connaissances nécessaires. Comme le dit l'adage, investir nécessite des connaissances pour éviter les pertes en capital.

Avant d'investir.

Avant d'investir, assurez-vous que vous avez préparé les éléments essentiels suivants. Assurez-vous que toutes vos dettes et obligations ont été réglées. Avant d'investir, assurez-vous que vous disposez d'une réserve d'argent ou de réserves d'urgence pour vous aider en cas d'urgence afin de ne jamais avoir à retirer votre investissement.

La quantité recommandée d'argent d'urgence est de trois à six mois de revenu. Ainsi, si votre revenu mensuel est de 2 500 $, vous devriez avoir 15 000 $ en fonds d'urgence qui vous dureront six mois.

En outre, vous devriez être tenu de souscrire une assurance-vie. Une police d'assurance-vie est une protection. Vous avez besoin d'une assurance-vie si quelque chose de tragique vous arrive. En cas de décès, l'assurance-vie peut aider votre famille à récupérer les dommages financiers.

Le montant recommandé d'une assurance-vie correspond à au moins trois ans de votre revenu annuel. Si votre revenu annuel est de 60 000 $, vous devriez souscrire une assurance-vie d'une valeur nominale de 18 000 $, en vigueur pendant trois ans, pour aider votre famille à récupérer les pertes financières.

Une fois que vous avez réglé vos obligations, établi un fonds d'urgence et souscrit une assurance, il est temps de déterminer votre tolérance au risque.

Déterminez votre tolérance au risque.

Cela dépend toujours de votre âge ; si vous êtes encore jeune, vous pouvez prendre un risque élevé, tandis que ceux qui sont entre 40 et 50 ans devraient prendre un risque modéré, et ceux qui sont dans la cinquantaine et au-delà ne devraient envisager que des investissements à faible risque.

Les fonds du marché monétaire, les dépôts à terme et les obligations sont tous des actifs appropriés pour les investisseurs qui recherchent un environnement à faible risque.

Les obligations et les actions sont des actifs acceptables pour ceux qui recherchent un profil de risque moyen.

Vous pouvez investir exclusivement dans des actions si vous souhaitez prendre un risque important.

Fixez un objectif financier.

Après avoir déterminé votre tolérance au risque, vous devez établir un objectif financier. Quel est le but de l'investissement ? C'est un objectif dans lequel vous devez comprendre le but de vos investissements et les coûts mensuels ou annuels qui y sont associés.

Quand devriez-vous commencer à investir, et comment avez-vous l'intention de liquider vos avoirs?

Décider d'investir.

Une stratégie n'est bénéfique que si elle est mise en œuvre. Vous n'obtiendrez jamais de retour sur investissement si vous ne donnez pas suite à votre stratégie. Vous devez agir ; faites un pas après l'autre.

Tout est simple, d'autant plus si vous souhaitez réellement faire fructifier votre argent. Vous ne devez pas avoir peur de le faire, de l'ouverture du compte au financement du compte et si vous décidez d'investir en bourse. Consultez un conseiller financier ou un expert financier ; des conseillers sont disponibles dans les banques et les sociétés d'investissement.

L'épargne est bénéfique car elle permet d'acquérir l'habitude de gérer son argent. Vous serez également un investisseur discipliné si vous êtes un épargnant assidu. Chaque mois, mettez de côté une partie de votre salaire ou de votre revenu pour financer un compte d'investissement, comme des fonds communs de placement ou un compte chez un courtier en valeurs mobilières.

CHAPITRE 4

Explorer le secteur des saisies.

Qu'est-ce qu'une saisie ?

Pour décrire une saisie, nous devons examiner ce qui se passe lorsqu'un emprunteur ne respecte pas les conditions du contrat ou de l'accord de prêt. L'emprunteur n'a pas remboursé le prêt, et maintenant le prêteur a l'autorité légale de saisir la propriété pour récupérer le revenu perdu de la vente de reprise.

Toutes les saisies ne sont pas égales. Les saisies se présentent sous différentes formes, notamment les saisies d'hypothèques, les saisies d'actes de fiducie et les saisies strictes.

Lorsqu'un emprunteur obtient un prêt auprès d'une banque et qu'un billet à ordre est émis, on parle de saisie hypothécaire. Ce billet détaille les conditions du prêt et précise le montant du paiement mensuel. Le billet à ordre précise également la date d'échéance du paiement mensuel.

Le prêt est ensuite garanti par un contrat hypothécaire, qui sert de garantie à la dette. Souvent appelé créancier hypothécaire, le prêteur se voit accorder des droits spécifiques si l'emprunteur ne rembourse pas le prêt. Jusqu'à ce que la dette soit remboursée, un privilège est placé sur la maison ou la propriété.

La saisie d'un acte de fiducie est un autre type de saisie. Ce type de contrat implique le placement de l'acte de propriété "en fiducie" auprès d'un tiers, généralement une société de titres ou de fiducie. Ensuite, certaines saisies sont strictement appliquées.

Le prêteur est légalement et légitimement propriétaire de la maison ou de la propriété pendant ce type de saisie. Le prêteur a le pouvoir d'exiger que l'emprunteur quitte la propriété immédiatement à l'expiration de son droit de rachat.

De nombreux facteurs peuvent contribuer à ce qu'une maison soit victime de la procédure de saisie. Les augmentations des taux d'intérêt, le chômage et une économie instable peuvent tous être des problèmes.

En outre, les causes de la saisie peuvent être plus personnelles, telles que la délocalisation d'un emploi, le décès ou l'incapacité, la santé et les difficultés médicales, le divorce ou l'échec d'une entreprise commerciale. De nombreux facteurs peuvent contribuer à la situation d'un propriétaire en difficulté.

Il existe plusieurs façons d'acquérir une maison ou une propriété qui se trouve à un certain stade de saisie. Les investisseurs peuvent acheter directement auprès du propriétaire, ce qui réduit la nécessité pour les investisseurs de se faire concurrence. Il est également possible d'acheter via une vente aux enchères publique.

Lors d'un achat aux enchères, le propriétaire n'est pas impliqué dans les négociations. Une autre option consiste à acheter le bien immobilier (REO) après la vente aux enchères. Dans ce cas, vous interagissez directement avec la banque ou un autre prêteur et ses agents.

Lorsque le paiement n'est pas effectué à la date d'échéance mensuelle convenue, la procédure de saisie commence officiellement. En général, cette date correspond au début du cycle de facturation des paiements hypothécaires.

Les paiements qui ont été manqués peuvent généralement être arrangés avec la banque ou le prêteur pour être effectués plus tard. Cela entraîne l'accumulation de frais de retard après la période de grâce. Entre les 45e et 60e jours, le prêteur envoie une lettre certifiée ou une lettre d'intention à l'emprunteur pour lui demander de payer.

La lettre précise également que l'emprunteur est en rupture de contrat et que la maison ou la propriété risque d'être saisie. Après quatre-vingt-dix jours, le dossier est soumis au service des saisies, qui dépose les documents juridiques requis.

En tant qu'investisseurs, capitaliser sur ces maisons et ces propriétés pourrait vous permettre de vous enrichir considérablement et d'acquérir une liberté financière. Le plan se compose de trois éléments. La première étape consiste à repérer les bonnes affaires.

Ensuite, il s'agit d'aller de l'avant et de faire une offre qui est acceptée - et enfin, de l'encaisser, que ce soit en vendant en gros et en remettant la propriété à l'investisseur en échange d'un chèque, en la louant ou en la vendant à l'avenir.

CHAPITRE 5

Tirer parti de l'argent de vos créanciers.

La plupart des adultes dans la quarantaine prennent de mauvaises décisions financières. Il faut beaucoup de discipline pour investir cet argent supplémentaire dans quelque chose qui vous rapportera davantage à court, moyen et long terme.

Le secteur des cartes de crédit est le plus rentable des États-Unis. La personne moyenne est incapable de prendre de bonnes décisions financières. Le principal groupe cible (la proie) des créanciers est constitué par les jeunes de 18 ans qui manquent de connaissances financières et ont peu ou pas d'antécédents de crédit.

Chaque année, des millions d'Américains demandent de nouvelles cartes de crédit, indépendamment de leur sexe, de leur race, de leur origine ethnique ou de leur handicap. Il suffit d'être citoyen américain et d'avoir au moins 18 ans.

Ce qui m'énerve à chaque fois, c'est lorsque les créanciers engagent ces individus extrêmement jeunes et naïfs dans un contrat/accord, et qu'ils gaspillent bêtement chaque centime restant sur la ligne de crédit de la carte pour des choses stupides qui ne leur serviront à rien.

Les créanciers prétendront être vos amis les plus proches pour vous soutirer chaque centime de votre portefeuille avec des taux d'intérêt ajustables élevés et toutes les conditions énumérées en petits caractères au-dessus de la signature du demandeur.

Si je me concentre sur la jeune génération d'aujourd'hui, c'est uniquement parce qu'il est tout à fait naturel qu'une jeune personne manque de l'intelligence financière nécessaire pour réussir dans la vie et éviter les périls financiers. Les personnes âgées auraient dû apprendre cette leçon très tôt grâce à leurs expériences et à leurs difficultés économiques, mais la plupart ne l'ont malheureusement pas fait.

Le principal avantage d'une jeune personne est de tirer parti de l'argent des créanciers pour gagner plus d'argent et rembourser la carte de crédit chaque mois. Pour y parvenir, il faut acquérir l'expertise nécessaire et élaborer un bon plan.

Connaissance - La connaissance est puissante, mais seulement lorsqu'elle est appliquée efficacement. Cependant, avant d'acquérir des connaissances, vous devez développer une attitude d'investissement en lisant des livres inspirants pour les investisseurs.

Une fois que vous aurez acquis l'état d'esprit approprié, vous serez tellement enthousiaste et motivé que vous serez prêt à étudier. Lorsqu'elle est enseignée correctement, cette attitude réduira les risques et vous permettra de prendre des décisions et de saisir des opportunités financières plus importantes et plus judicieuses.

Ma meilleure suggestion est de rechercher ceux qui excellent dans le domaine dans lequel vous souhaitez travailler et de leur demander leur avis. Il existe une astuce pour recueillir les idées des personnes qui réussissent financièrement, et vous devez apprendre à l'utiliser à votre avantage.

Sources d'information - Les ressources dont vous avez besoin pour comprendre comment atteindre la liberté financière sont tout autour de vous. Votre ami le plus proche est Google ; recherchez les meilleurs livres sur les investissements, achetez-les à votre librairie locale, et tenez-vous au courant de l'actualité en lisant le Wall Street Journal. Assistez à une conférence pour vous instruire et vous constituer un réseau.

CHAPITRE 6

Créer une entreprise à domicile pour prendre une retraite anticipée.

Le flux de trésorerie est le terme le plus important dans le secteur des revenus. L'effet de levier est le deuxième terme important. L'effet de levier est la raison pour laquelle certaines personnes s'enrichissent et d'autres pas. Moins de 5 % des Américains sont riches parce que seuls 5 % d'entre eux savent comment tirer parti de leur richesse.

L'emprunt est l'une des formes d'effet de levier les plus connues. Des millions de personnes sont en péril financier parce que l'effet de levier de l'endettement est utilisé contre elles. Une excellente dette vous rend riche, tandis qu'une mauvaise dette vous maintient dans la pauvreté.

Votre intellect, le levier le plus puissant au monde, peut vous rendre riche ou pauvre.

Croyances.

Les personnes riches utilisent un langage riche, tandis que celles qui sont appauvries utilisent un langage appauvri. Votre esprit peut être votre atout le plus précieux ou votre plus grand handicap.

La distinction entre les personnes riches et les personnes appauvries est que les pauvres disent plus souvent "je ne peux pas me le permettre" que les personnes riches. Si vous voulez prendre une retraite jeune et riche, vous devez utiliser votre esprit à votre avantage, et non à votre détriment. Le magazine Forbes définit la richesse comme le fait d'avoir un revenu annuel d'un million de dollars ou plus.

Le problème du travail est qu'il obstrue votre chemin vers la prospérité. La plupart des gens ont l'intention de s'appauvrir. C'est pourquoi tant de personnes affirment : "Lorsque je prendrai ma retraite, mes revenus diminueront."

En d'autres termes, ils disent : "J'ai l'intention de travailler dur toute ma vie et de prendre ma retraite en m'appauvrissant." Aujourd'hui, des millions de travailleurs comptent sur leurs plans de retraite, notamment les comptes 401(k) et IRA.

Les employés sont désormais responsables de leur retraite. Pendant la révolution industrielle, c'était à l'entreprise ou au gouvernement de s'occuper de vos besoins financiers une fois vos journées de travail terminées. Ces régimes de retraite de l'ère de l'information ont une faiblesse fatale.

La faute est que la plupart de ces plans sont indexés sur le marché boursier, et comme vous l'avez peut-être remarqué, les marchés boursiers montent et descendent. Promettre de travailler assidûment jusqu'à la fin de sa vie n'est pas une bonne stratégie.

Pour de nombreux baby-boomers, le temps, notre ressource la plus précieuse, s'épuise. En réalité, moins de 5 % de la population américaine est riche parce que 95 % d'entre eux souhaitent être riches, mais seulement 5 % passent à l'action.

Les trois principaux atouts qui rendent les gens riches et leur permettent de prendre une retraite anticipée sont les suivants:

1. Les biens immobiliers

2. Les actifs incorporels

3. Entreprises.

Nous avons tous des préoccupations. La distinction réside dans la manière dont nous y répondons. Si vous parvenez à adapter vos paroles et vos pensées à celles des riches, il vous sera facile de prendre une retraite jeune et riche. Le plus grand obstacle auquel vous êtes confronté est de surmonter vos doutes et votre léthargie.

Votre manque de confiance en vous et votre paresse définissent qui vous êtes. Si vous avez l'intention de modifier qui vous êtes, vous devez affronter votre doute de soi et votre paresse. Votre doute de soi et votre paresse sont les facteurs qui vous maintiennent petit. Ce sont vos doutes et votre paresse qui vous empêchent de vivre la vie que vous désirez.

Personne ne se met en travers de votre chemin, sauf vous et vos doutes sur vous-même. Il est simple de maintenir le statu quo. Il est facile de rester inchangé. La plupart des gens choisissent de rester les mêmes tout au long de leur vie. En affrontant vos doutes sur vous-même et votre paresse, vous découvrirez la clé de votre libération.

Beaucoup de gens ne font pas ce qu'ils sont capables de faire parce qu'ils n'ont pas de "pourquoi" convaincant. Une fois que vous avez déterminé votre "pourquoi", il est facile de décider de votre propre "comment" pour devenir riche ; plutôt que de chercher à identifier leur propre "pourquoi" pour devenir riche, la plupart des gens cherchent le chemin le plus simple vers la prospérité et le problème avec le chemin le plus simple est qu'il mène souvent à une impasse.

Voici trois autres chemins vers une immense richesse:

1. Améliorer les compétences professionnelles

2. Améliorer les capacités de gestion financière

3. Amélioration des capacités d'investissement.

Si vous vous retrouvez à débattre d'un concept fantastique, vous devriez peut-être vous abstenir de débattre. Lorsqu'une personne dit "Je ne peux pas me le permettre" ou "Je ne peux pas le faire" en réponse à quelque chose qu'elle désire, elle a un problème important.

Pourquoi diable quelqu'un dirait-il "Je ne peux pas le faire" en réponse à quelque chose qu'il désire ? J'étais en train d'argumenter pour me protéger du chagrin d'amour que le rêve d'aspirations énormes peut apporter s'il n'est pas réalisé. J'avais rêvé et j'avais explosé.

J'ai réalisé que j'argumentais contre un autre échec plutôt que contre l'objectif. Un conseil : il y a des années, j'ai découvert que la passion est un mélange d'amour et de haine. Sans passion pour quelque chose, il n'est pas facile de faire quoi que ce soit. Si vous voulez quelque chose, poursuivez-le avec zèle.

Votre vie est dynamisée par la passion. Si vous désirez quelque chose que vous n'avez pas, demandez-vous pourquoi vous le désirez et pourquoi vous méprisez le fait de ne pas l'avoir. Lorsque vous combinez ces deux idées, vous trouverez la motivation nécessaire pour vous lever de votre siège et saisir tout ce dont vous avez besoin. J'ai entendu beaucoup de gens dire : "L'argent ne fait pas le bonheur."

"Combien d'entre vous souhaitent prendre leur retraite à la quarantaine et être financièrement indépendants pour le reste de leurs années ?". Cette phrase contient une part de vérité. Cependant, les revenus me permettent de passer plus de temps à faire ce que j'aime et compensent les autres pour ce que je méprise. Combien d'entre vous envisagent de prendre une retraite anticipée?"

CHAPITRE 7

Optez pour la liberté plutôt que pour l'endettement.

Trop de gens sont endettés, ce qui n'est guère surprenant puisque toute quantité supérieure à zéro est excessive. Il s'agit principalement d'une évolution du dernier quart du vingtième siècle, un des phénomènes des baby-boomers.

Les générations précédentes étaient généralement tenues de payer ce qu'elles achetaient au moment de l'achat, de disposer d'un montant considérable de garantie ou d'avoir un tiers cosignataire pour acheter à temps.

Un agriculteur ou un éleveur du XIXe siècle agricole pouvait acheter à temps au magasin général. Ils remboursaient leurs prêts à la fin de la saison, lorsque leurs produits ou leurs animaux étaient récoltés.

Au départ, ces marchands de magasin général accordaient des crédits au consommateur. Puis, au début du vingtième siècle, les cartes de crédit ont été inventées et sont devenues très répandues au milieu du siècle. [creditcards.com]

Les cartes de crédit étaient acceptées comme moyen de paiement car elles ne pouvaient être fournies qu'aux personnes ayant de bons antécédents de crédit. Elles ont été distribuées plus librement que les friandises d'Halloween à la fin du XXe siècle et au début du XXIe siècle. Elles étaient même livrées à l'improviste, de porte à porte.

La cause de cette explosion de l'utilisation des cartes de crédit au cours de cette période est que les individus ne dépensaient pas assez d'argent pour satisfaire les entreprises qui fabriquaient des articles et fournissaient des services. Le consommateur souhaitait dépenser tout ou presque tout son argent. Cette situation était trop restrictive. C'était intolérable et cela ne pouvait pas continuer.

Toute entreprise qui veut se développer et prospérer a besoin que les clients dépensent plus que ce qu'ils peuvent se permettre. Nous vivons dans un monde régi par des cartes de crédit en plastique. Nous sommes retournés dans le passé, devant nos âmes au magasin de l'entreprise (lire dette de consommation) que chantait Tennessee Ernie Ford dans son classique Sixteen Tons.

Pour réduire la dette, il est important de comprendre comment elle s'accumule, quand le désir dépasse le besoin, quand on croit que plus est mieux alors que plus ne suffit pas, quand l'impatience n'attend pas, quand l'achat n'est pas précédé de la recherche, quand le coût n'est pas pris en compte dans le prix, etc.

Il existe une idée fausse très répandue selon laquelle avoir ce que l'on désire et l'avoir quand on le désire apportera le bonheur. Comprendre ce mythe mettra fin à sa croyance et permettra de modifier le comportement. Cela ne fera qu'ajouter du stress et de l'anxiété au processus consistant à déterminer comment payer les articles achetés.

La réponse est l'argent, mais pas dans le sens conventionnel du terme. Lorsqu'il est question d'argent, il existe deux considérations. Avoir suffisamment d'argent est la clé de l'élimination des dettes, de la satisfaction des besoins et de la sécurité financière pour être heureux.

Dépenser de l'argent pour des besoins fondamentaux tels que la nourriture, les vêtements et le logement est un investissement judicieux. Tout le reste qui peut être acheté deviendra démodé, se détériorera avec le temps au point de se détériorer, ou deviendra inutile et donc jeté. L'argent utilisé pour acheter ces articles sera également supprimé.

Quel est le but de toutes ces dépenses, dont la plupart sont faites avec de l'argent que nous pensons avoir dans le futur, comme en témoigne l'utilisation des cartes de crédit ? La valeur ultime de l'argent ne réside pas dans ce qu'il peut acheter mais dans ce qu'il peut fournir. Il ne procure qu'un plaisir temporaire.

On peut accumuler de l'argent en l'épargnant, mais sa valeur diminuera avec le temps en raison de l'inflation ; il faut donc l'investir et le laisser s'apprécier et se composer. Cela garantira la sécurité financière, la tranquillité mentale et le bonheur authentique. C'est ainsi que naîtra la Liberté.

Je me souviens d'un poème de Robert Frost, oublié depuis longtemps, intitulé The Road Not Taken. Il commence ainsi : "Deux chemins se séparent dans un bois jaune, et j'ai pris celui qui était le moins fréquenté, ce qui a fait toute la différence". Ce poème s'inscrit dans le sens où la liberté est définie comme la capacité de choisir son mode de vie.

Deux chemins divergent également lorsqu'il s'agit de parcourir sa vie financière. L'un des chemins est bordé de toutes les joies de la vie, avec de nombreuses indulgences qui n'attendent que le voyageur pour en profiter. Le crédit ouvre la voie au servage, où la liberté n'est limitée que par les responsabilités financières que l'on s'impose.

Un deuxième chemin implique la maîtrise de soi et des contraintes sur le plaisir qu'on s'impose, mais il est jalonné d'abondantes richesses, de succès et de bonne fortune et mène à l'aisance où règnent la sécurité financière et la liberté.

Chacun choisit sa voie. Vivez sans vous excuser ni regretter votre choix. La prospérité n'est qu'à quelques pas. Il suffit d'emprunter la bonne route.

CHAPITRE 8

Plan en dix points pour reprendre le contrôle de vos finances et protéger l'avenir de votre famille.

Ce chapitre résume un plan testé et éprouvé en dix points que vous pouvez adopter pour reprendre le contrôle total de vos finances et protéger l'avenir de votre famille. Lire la suite.

a) Éliminer les dettes

Avant toute chose, les dettes de cartes de crédit, les découverts et les prêts, en particulier les prêts garantis, doivent être remboursés. Vous ne pourrez jamais accumuler des richesses pour vous-même ou votre famille tout en payant des intérêts mensuels sur vos dettes.

Transférez vos factures vers des alternatives moins coûteuses, notamment des cartes de crédit à 0 %, si vous pouvez les obtenir et faites des sacrifices dès aujourd'hui pour rembourser vos obligations aussi rapidement que possible. Plus vite vous les rembourserez, plus vite vous pourrez commencer à économiser et à gagner de l'argent.

b) Assurez-vous que vous disposez d'un filet de sécurité en matière d'épargne et de quelques liquidités pour investir.

Si vous n'avez pas suffisamment de liquidités pour couvrir les dépenses immédiates, il est inutile d'investir pour l'avenir. Par "liquide", j'entends "facile à obtenir".

Cela signifie que vous devez avoir suffisamment d'argent sur un compte d'épargne pour subvenir à vos besoins et à ceux de votre famille pendant quelques mois si tout va mal. Calculez le montant que vous devez dépenser chaque mois pour avoir un toit sur la tête et de la nourriture dans la bouche, multipliez-le par trois et mettez cet argent de côté sur un compte auquel vous n'avez pas accès, sauf en cas d'urgence.

c) Remboursement anticipé de votre prêt hypothécaire

Le remboursement anticipé de votre prêt hypothécaire est l'un des investissements les plus sûrs et les plus fiscalement avantageux que vous puissiez faire. Il vous procure l'immense liberté d'être libéré de votre hypothèque ; c'est un investissement non imposable parce que tout argent que vous payez en trop sur votre hypothèque vous permet d'économiser le montant total des intérêts, contrairement aux comptes d'épargne, qui imposent les intérêts que vous payez.

C'est l'un des investissements les plus sûrs que vous puissiez faire, car vous le remboursez entièrement en même temps que votre hypothèque.

Considérez les chiffres suivants : Les paiements mensuels d'une hypothèque de remboursement de 100 000 £ à un taux d'intérêt de 5 % seraient de

584,59 £ sur 25 ans, avec un paiement total des intérêts de 75 377 £.

Cependant, si vous réduisez la durée du remboursement à 15 ans, vos mensualités seront de 790,79 £, mais vous ne paierez que 42 342,20 £ d'intérêts pendant cette période, soit une économie de 33 034,80 £. (Savills)

d) Répartissez vos mises

Pour être sûr, diversifiez vos investissements entre les différentes classes d'actifs (actions, immobilier, liquidités, obligations, etc.).

Rien n'est sûr en matière d'investissement. Ne mettez pas vos œufs dans le même panier. Personne ne possède de boule de cristal, et personne ne peut prédire ce qui se passera dans le futur. Rien, pas même les maisons, n'est aussi sûr que les maisons. Vous ne pouvez pas compter sur une seule classe d'actifs pour accumuler une somme d'argent assez importante pour en tirer un revenu confortable dans le futur.

e) Maintenir la cohérence

Comme pour les fonctions biologiques, il est bon de rester cohérent lorsque vous épargnez et investissez ! S'il ne vous reste qu'une petite somme d'argent chaque mois, il est nettement préférable à long terme d'établir un ordre permanent mensuel de votre compte bancaire vers l'investissement, afin que l'argent soit investi avant que vous ne le voyiez.

En outre, en investissant à intervalles réguliers, vous bénéficiez de ce que l'on appelle le "pound cost averaging", c'est-à-dire que vous profitez des hauts et des bas d'un investissement volatil (comme le marché boursier), ce qui vous permet d'obtenir un rendement moyen respectable au fil du temps.

f) Renseignez-vous sur les faits et pensez par vous-même - ne suivez pas le troupeau.

La gestion de l'argent s'apparente à un régime alimentaire équilibré. Vous n'avez pas besoin d'être un nutritionniste pour savoir comment manger sainement. Cependant, vous devez comprendre certaines données fondamentales sur les fruits et légumes, les vitamines, les protéines et les minéraux pour planifier un régime équilibré et sain.

Il en va de même pour la gestion de l'argent. Vous n'avez pas besoin d'être un conseiller financier agréé, mais vous devez comprendre comment l'argent fonctionne.

Par conséquent, consacrez quelques minutes chaque semaine à la lecture de la rubrique argent du Daily Express. Acquérez des connaissances sur l'épargne et l'investissement en consultant la mine, Money Magpie, ou The Motley Fool.

Nous serions beaucoup plus riches si nous passions autant de temps à étudier les questions financières qu'à rechercher le prochain téléviseur à écran plat à acheter ou le nouveau smartphone à acquérir.

g) Investissez dans des produits simples et peu coûteux que vous comprenez.

Il est possible de réaliser un bénéfice raisonnable sur le marché boursier si vous investissez à long terme et si vous vous en tenez à des produits simples aux frais modestes. Les fonds indiciels (souvent appelés "Trackers") et les fonds négociés en bourse (ETF) sont les deux principaux produits entrant dans cette catégorie.

Ces investissements sont généralement gérés par des programmes informatiques plutôt que par des gestionnaires de fonds humains à la recherche d'une nouvelle Porsche Boxster pour Noël. Ils suivent les indices boursiers, les matières premières (pétrole ou sucre), voire des pays entiers (comme la Chine, le Brésil ou la Russie).

h) Réduire l'impôt

Chaque année, veillez à tirer parti de toutes les stratégies d'évitement fiscal disponibles. Après tout, pourquoi consacrer tout ce temps et ces efforts à gagner votre vie et à envisager des investissements prudents pour en perdre une grande partie à cause de l'évasion fiscale ?

Les pensions et les produits de la National Savings and Investments Company et de certains fonds d'investissement spécialisés sont exonérés d'impôt et méritent d'être considérés. Cela étant, il est important de considérer d'abord l'ensemble du bénéfice net, plutôt que de poursuivre quelque chose parce qu'il est exempt d'impôt. Parfois, même avec l'incitation fiscale, le rendement est insuffisant pour justifier l'investissement.

i) Protégez les finances de votre famille

Si vous avez une famille ou des personnes à charge, assurez-vous d'avoir une assurance-vie suffisante pour les maintenir à flot si vous ne pouvez pas subvenir à leurs besoins. C'est un domaine dans lequel vous ne pouvez pas faire d'économies. Assurez-vous que l'hypothèque sera payée et qu'ils seront soutenus en cas d'absence.

j) Modifiez vos placements en fonction de l'évolution de votre situation.

Vos besoins en matière d'investissement changent avec l'âge. Que vous ayez la quarantaine, vous pouvez vous permettre d'investir dans des éléments plus risqués qui devraient vous procurer des rendements positifs au fil du temps. Cependant, à mesure que vous vieillissez, il est prudent d'investir une partie de votre argent dans des entités plus stables, moins rentables mais aussi plus sûres.

En outre, environ cinq ans avant votre départ à la retraite, il est judicieux d'adopter un "style de vie" pour vos investissements et de commencer à déplacer votre argent des produits de "croissance" plus volatils (actions, immobilier, matières premières, etc.) vers des investissements plus stables tels que les comptes d'épargne, les obligations et les gilts, afin de profiter des gains considérables que vous avez réalisés au fil des ans et de les conserver même en cas de chute des marchés.

CHAPITRE 9

Faites de votre avenir un lieu de plaisir et de fortune.

Si vous souhaitez atteindre la liberté financière à la quarantaine tout en constituant un patrimoine générationnel, vous devez choisir un secteur très demandé aujourd'hui et pour les décennies à venir. L'industrie du voyage répond à ces critères. Chaque année, les États-Unis dépensent 1,3 million de dollars en voyages. Cela équivaut à environ 2,5 millions de dollars par minute.

Les voyages, vous l'aurez deviné ! Dans le monde entier, environ 7 millions de dollars de voyages sont achetés, la plupart en ligne, et ce chiffre est en augmentation. Il va quadrupler dans les prochaines années, car la génération des baby-boomers s'apprête à prendre sa retraite. Que souhaitent-ils poursuivre après avoir travaillé, pris leur retraite, épargné et élevé leur famille ?

Lorsque vous examinez le secteur du voyage aujourd'hui, vous constatez que de nombreuses entreprises (principalement en ligne) qui pèsent plusieurs milliards de dollars n'existaient pas il y a seulement dix ans. Chaque jour, de nouvelles entreprises se disputent une part de ce gâteau considérable et précieux. Les trois tendances suivantes contribuent à faire du voyage l'un des meilleurs moyens pour le simple particulier d'entrer dans le jeu de la transformation du plaisir en argent.

La première tendance d'Internet est le commerce électronique. Au cours de la dernière décennie, les consommateurs se sont sentis de plus en plus à l'aise et ont appris à satisfaire un grand nombre de leurs besoins en ligne.

Même si vous faites vos achats hors ligne, l'Internet est une excellente ressource pour faire des recherches sur tout ce que vous souhaitez acheter. Les mêmes capacités de recherche deviennent maintenant une activité populaire pour les voyageurs.

Les agences de voyage étaient autrefois une bonne source de recommandations sur les lieux d'hébergement et de sortie lors de la planification d'un voyage. Aujourd'hui, de nombreuses personnes réservent leurs voyages d'agrément en ligne. Vous pouvez lire les expériences de voyage d'autres personnes sur des dizaines de sites web aujourd'hui. Les achats de voyages effectués en ligne coûtent déjà des milliards de dollars aux consommateurs.

La génération des baby-boomers est à l'origine du deuxième grand changement démographique. La génération des baby-boomers a exercé une influence considérable depuis les années 1950.

Ils ont influencé une variété d'industries, notamment l'automobile, la rénovation résidentielle et, plus récemment, les voyages. Les baby-boomers sont 79 millions aux États-Unis et près d'un milliard dans le monde. Au cours des deux prochaines décennies, ils prendront leur retraite à raison d'un toutes les huit secondes.

Les entreprises à domicile constituent la troisième tendance. Des millions d'Américains ont aujourd'hui une entreprise à domicile pour compléter ou éventuellement remplacer leur emploi principal. Avec ses grandes et moyennes entreprises qui réduisent leurs effectifs et délocalisent à l'étranger, l'Amérique des affaires n'est peut-être pas la meilleure voie vers la sécurité financière, sans parler de la liberté financière. Les entrepreneurs ont un plan B pour leur avenir financier avec les perspectives d'affaires à domicile.

L'industrie du voyage offre une opportunité incroyable de gérer une agence de voyage en ligne à part entière depuis le confort de votre bureau à domicile. Les réductions d'impôts constituent à elles seules un avantage considérable pour l'augmentation de votre valeur nette.

Les économistes et les entrepreneurs s'accordent à dire qu'il faut être à la pointe des tendances à long terme, et non des modes. Les voyages sur Internet, facilités par les technologies accessibles aux propriétaires de petites entreprises, semblent être une possibilité fantastique.

Faites preuve de diligence raisonnable pour identifier une entreprise crédible qui tire parti de ce changement de marché. Puis rejoignez le groupe des entrepreneurs astucieux qui voyagent, s'amusent et gagnent de l'argent simultanément.

CHAPITRE 10

Il est temps pour vous de gouverner!

Notre pays continue d'avoir des individus vivant dans des situations sociales dégradantes ; il continue d'être détruit par la criminalité et des maladies évitables liées au mode de vie. La plupart des gens vivent encore d'un chèque de paie à l'autre et supplient le gouvernement de leur donner du travail.

Si certains ont réussi à s'élever, ils n'ont pas encore atteint leur plein potentiel en raison de leurs efforts pour éviter de se noyer dans une mer de dettes. Ils crient à l'aide pour qu'on les sauve d'eux-mêmes !

Malheureusement, la solution à votre situation n'est pas à chercher du côté du gouvernement ou des autres ; elle est à chercher du côté de vous ! Lorsque vous commencerez à vous gouverner vous-même, votre situation sociale et économique commencera à changer. Une fois que cela se produira, vous commencerez à atteindre et à profiter de la prospérité économique que nos prédécesseurs ont envisagée et pour laquelle ils se sont battus.

Toutefois, cela n'est possible que si vous commencez dès aujourd'hui à reprendre le contrôle de vos deux ressources les plus précieuses : le temps et l'argent. En effet, c'est la façon dont vous gérez votre temps et votre argent qui détermine où vous en êtes aujourd'hui. Par conséquent, pourquoi ne pas commencer par vous assurer que vous tirez le meilleur parti de ces deux ressources ?

Deuxièmement, vous devez comprendre que la "richesse" est créée par l'accumulation d'actifs productifs de revenus - en d'autres termes, en faisant travailler votre argent pour vous. Ainsi, il sera extrêmement difficile d'accumuler de la richesse si vous ne mettez pas de côté une partie de votre salaire pour investir.

Toutefois, si vous réservez systématiquement une partie de votre revenu pour investir, vous découvrirez que la création de richesse est relativement simple.

C'est assez simple. Si vous manquez d'épargne, vous ne pouvez pas investir, d'où l'absence de croissance de la richesse, car vous ne pouvez pas investir ce qui vous manque. Ainsi, la première étape consiste à commencer à épargner de l'argent ! Pas souvent, mais régulièrement et méthodiquement. Cette année, vous devriez vous efforcer d'épargner un pourcentage de chaque salaire que vous recevez.

Si vous gagnez 100 $ chaque semaine et que vous dépensez la totalité de ces 100 $, vous n'aurez rien à montrer pour vos efforts. Rien ! En effet, que faisiez-vous, et pour qui le faisiez-vous ? Puisque vous avez distribué tout votre argent et rémunéré tout le monde sauf vous-même !

Vous devez continuer à considérer l'argent comme du lait, sinon vous ne pourrez pas accumuler de richesses. Alors, comment pouvez-vous commencer à accumuler des richesses ?

Commencez à gérer vos dépenses de manière à pouvoir économiser une partie de tout ce que vous gagnez. Quoi qu'il arrive, vous devez maintenir votre engagement envers vous-même, la détermination d'économiser votre argent jusqu'à ce que vous l'investissiez.

Il s'agit de vous respecter et de croire en votre avenir, qui vaut la peine d'être investi. Achetez un exemplaire du manuel "Taking Control of Your Money" ; c'est une excellente ressource pour commencer.

CONCLUSION.

L'un des obstacles les plus importants auxquels se heurtent la plupart des novices dans le monde de la finance est leur peur d'investir. Pendant des décennies, le marché boursier et les portefeuilles d'investissement ont été le domaine exclusif d'un petit pourcentage de la population : les riches, les grands entrepreneurs ou les diplômés en économie. Il s'agit depuis longtemps d'un domaine où le savoir est assimilé au pouvoir, et le pouvoir à un bon gros compte en banque.

Malheureusement, ce type de pensée offre peu d'options à ceux qui ont un petit compte d'épargne, des connaissances limitées en finance ou qui ne veulent pas faire confiance au système existant avec leur argent durement gagné. Malheureusement, de nombreuses personnes évitent de demander conseil à un conseiller financier pour différentes raisons personnelles et financières, dont aucune ne constitue un obstacle à un avenir sûr.

L'un des principaux obstacles à l'investissement est la croyance répandue selon laquelle il faut avoir de l'argent pour en gagner. Pour commencer à investir, vous devez avoir des milliers de dollars de côté. Après tout, comment pouvez-vous envisager d'investir si vous n'êtes pas en mesure d'économiser suffisamment d'argent pour commencer ?

Bien que de nombreux types de comptes nécessitent un engagement minimum, vous pouvez également commencer avec un montant modeste. Bien que le taux de rendement initial puisse être inférieur, les petits investissements dans des obligations, des actions ordinaires et des IRA sont souvent simples à réaliser, ne nécessitent pas de grosses sommes d'argent et vous permettent d'apprendre au fur et à mesure, augmentant ainsi votre niveau de confort en matière d'investissement ; vous économisez davantage d'argent.

Je ne peux pas accéder à mes fonds en cas d'urgence. Une autre préoccupation financière typique est que votre argent sera investi de telle sorte que vous ne pourrez pas y accéder en cas d'urgence médicale ou familiale. Si certains comptes (comme les certificats de dépôt) sont assortis d'une pénalité élevée en cas de retrait anticipé, d'autres ne le sont pas (comme les comptes du marché monétaire).

L'astuce consiste à déterminer quels sont les investissements qui vous conviennent le mieux, à vous et à votre style de vie - il n'y a pas de bonne ou de mauvaise méthode pour le faire. Souvent, l'idéal est de travailler avec un conseiller financier qui peut vous aider à élaborer un portefeuille qui soit un mélange solide d'épargne à long terme et d'investissements à plus court terme qui vous permettent de mieux contrôler votre argent.

J'ai peur de tout perdre. Lorsque vous investissez sur le marché boursier, il existe toujours un risque de perdre ou de réduire considérablement vos économies. Cette situation n'est pas courante, et elle se produit généralement chez ceux qui se lancent exclusivement dans des investissements à haut risque.

Si vous investissez avec prudence et sous la supervision d'un conseiller financier qui diversifiera vos actifs entre plusieurs types de comptes, vous avez de très grandes chances de faire des bénéfices au cours des 10, 20, 30, voire 40 années suivantes.

L'astuce consiste à aborder l'investissement comme une stratégie à long terme ; même si vous ne deviendrez pas riche l'année prochaine, vous aurez quelque chose sur quoi vous appuyer au moment de la retraite.

Les avantages de l'investissement sont trop importants pour être ignorés, même si vous ne disposez pas d'un compte d'épargne conséquent, si vous êtes déjà endetté ou si vous n'êtes pas familier avec les finances.

La meilleure chose à faire est de consulter un conseiller financier qui pourra vous indiquer ce qu'il faut faire en premier lieu et comment commencer à reprendre le contrôle de votre avenir. Les meilleurs conseillers financiers ne s'arrêtent pas au solde de votre compte en banque et vous accompagnent à chaque étape du processus pour assurer votre confort.

Merci de lire.

Série : La liberté financière à tout âge.

1. Atteindre la liberté financière dans la vingtaine
2. Atteindre la liberté financière dans la trentaine
3. Atteindre la liberté financière dans la quarantaine
4. Atteindre la liberté financière dans la cinquantaine
5. Atteindre la liberté financière à 60 ans
6. Atteindre la liberté financière à 70 ans et plus.
7. Atteindre la liberté financière chez les enfants
8. Atteindre la liberté financière chez les adolescents
9. Atteindre la liberté financière chez les étudiants.

www.ingramcontent.com/pod-product-compliance
Lightning Source LLC
Chambersburg PA
CBHW071146240526
45465CB00024BA/1790